저
꽃들
사랑인가
하여하여

저
꽃들
사랑인가
하여하여

김창진의 두 번째 들꽃시집

신구문화사

시
남정南汀   김창진金昌珍

사진
회리   김광섭金光燮
백초白初   김명렬金明烈
운죽雲竹   백태순白泰順
유연悠然   송민자宋敏子
우계友溪   이상옥李相沃
모산茅山   이익섭李翊燮
무산霧山   이재능李在能
혜당蕙堂   이종숙李鍾淑
           (본명 가나다 순)

기획·편집
우계友溪   이상옥李相沃

책머리에

꽃이 무심할 때가 있다.
어찌 탓하랴.
사람도 사람이면서 세상에 무심하지 않는가.
꽃을 노래한다는 것이
꽃에게도
사람에게도
죄스러울 때가 있다.
어쩌자는 건가.
하는 수 없이
꽃으로 돌아온다.
여전히 무심하다.
저만치다.
그래서 반하는 나의 역설이어
하여하여

김 창 진
2015년 2월

차례

책머리에 … 5

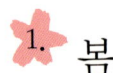 **1. 봄**

너도바람꽃 … 12
동강할미꽃 … 14
얼레지 … 16
한계령풀 … 18
풍도바람꽃 … 20
들바람꽃 … 24
금붓꽃 … 26
덩굴개별꽃 … 28
돌단풍 … 30
광릉요강꽃 … 32
수선화 … 34
할미꽃 … 36
헐떡이풀 … 40

풍도바람꽃 … 42
꿩의바람꽃 … 46
들바람꽃 … 48
모데미풀 … 50
앵초 … 52
얼레지 … 54
금난초 … 56
깽깽이풀 … 58
금강애기나리 … 60
삼지구엽초 … 62
새우난초 … 64
주름제비란 … 66
꿩의바람꽃 … 68

변산바람꽃 … 70
나도개감채 … 72
처녀치마 … 74
으름 … 75
만주바람꽃 … 76
조팝나무 … 78
철쭉 … 80
노린재나무 … 82
홀아비꽃대 … 84
옥녀꽃대 … 86
자란 … 88

2. 여름

갯메꽃 … 92
구실바위취 … 96
금꿩의다리 … 98
당양지꽃 … 102
동자꽃 … 104
물봉선 … 106
솔나리 … 108
잠자리난초 … 112
털딱지꽃 … 114
털중나리 … 116
참작약 … 118
개망초 … 120
구실바위취 … 122

노랑어리연꽃 … 124
달맞이꽃 … 128
대청부채 … 130
둥근잎꿩의비름 … 132
문주란 … 134
범부채 … 136
해란초 … 138
꿩의다리 … 140
매화노루발 … 142
뻐꾹나리 … 144
해당화 … 146
해오라비난초 … 148
큰까치수염 … 150

초롱꽃 … 152
백련 … 154
으름난초 … 156

3. 가을

물매화 … 160
구절초 … 164
해국 … 166
개쑥부쟁이 … 172
노랑도깨비바늘 … 174
단양쑥부쟁이 … 176
미국가막사리 … 178
산국 … 180
정선바위솔 … 182

화악산 금강초롱꽃 … 184
용문산 금강초롱꽃 … 188
분취 … 190
산국 … 192
담쟁이덩굴 … 194
산외 … 196
여뀌 … 198
놋젓가락나물 … 202
물매화 … 204

주홍서나물 … 206
용담 … 208
자주쓴풀 … 210
개쓴풀 … 212
닻꽃 … 214
배초향 … 216
쑥부쟁이 … 218
가시여뀌 … 220
좀바위솔 … 222

4. 백두산 및 풍경

백두산 천지 … 228
두메양귀비 … 230
큰바람꽃 … 232
호범꼬리 … 234
화살곰취 … 236
바위구절초 … 238
각시투구꽃 … 240
담자리꽃나무 … 242
두메양귀비 … 244

바위구절초 … 246
털복주머니란 … 248
하늘매발톱 … 250
마당 이야기 … 252
남불 지중해 … 254
노을의 안나푸르나 산봉 … 256
캐널가 숲길에서 … 258
금파 … 262
순포-해무 … 264

바닷풀 … 266
내몽고 초원 … 268
선자령 그날 … 270

▣ 편집 후기: 남정의 두 번째 들꽃시집을 엮으며(李相沃) … 272

1

봄

너도바람꽃

너도바람꽃
눈 속에서
희떠워라
햇빛이
휘저어라
바람 아니고
너도
바람
아니고

雲竹

동강할미꽃

"동강할미꽃 (…) 제가 제일 좋아하는 모습은 선사시대 벽화 같은 모습으로 바위에 평면적으로 자라는 아이들입니다." 雲竹

바위 물결에
떠내려 오다가
용하네
용암이 어찌
꽃송이 셋을
피울 수 있지
태양의 그늘
저 치마 무늬
니사금 尼斯今 뿐이랴
나도 반했다

雲竹

얼레지

얼레지

엘레지

만장挽章만 남았다

저 이파리의

평토장平土葬

얼레지

엘레지

만장만 남았다

雲竹

한계령풀

"알프스의 산령에서 외로이 쓰러져 간 라이나·마리아·릴케의
기여" 김춘수 시 「旗」에서

한계령에서
쓰러져 간
꽃이어
너는 누구의
기旗 인가

雲竹

풍도바람꽃

"풍도의 꽃밭에서 꽃멀미를 하고 왔지요. 과거에는 이곳에 피는 바람꽃을 변산바람꽃이라고 했는데, 식물분류학자들이 풍도에 피는 꽃은 꽃잎 모양이 약간 다르다며 두어 해 전에 '풍도바람꽃'으로 새로 이름을 지었네요." 霧山

1
해일이 아니고
풍도 風濤 가 휩쓸어도
저 해맑음
천진이오
난만이오
그러다가
싱거워
지리라
풍도바람꽃

霧山

2
꽃샘 눈발이
씨가 되어
꽃이 피었다
눈싸락만큼
많은
풍도바람꽃이어
저 춘군春軍에
나는 언제나 지고 온다니까
내 패잔敗殘의 기록에도
꽃이 핀다니까

霧山

들바람꽃

바람이 들에서
바람나
있을 동안
햇빛과 함께
내가 찍었다
저 무심한 놈들
누가
들바람 좀
몰고 오라
우리 어릴 때
피색이잖은가
들바람 땜에
오늘은
저 꽃 땜에

霧山

금붓꽃

후원에서
꽃잎들이 젖혀지고 있었다
무엇이 그리
젖히고 있는 걸까
나는 저럴 때 금붓꽃은
붓꽃이 아니라
만년필의 황금 촉
꼬박꼬박 눌러 쓴 그 맺힌
끝 같다는 생각이다
저것들이 행여
지워져 가는 연서戀書
노랑을
그 노랑을
옆의 물결은
가뭇없다

霧山

덩굴개별꽃

별에서

개에서

덩굴에까지

그새

꽃들은 아우성이다

가만히 보면

아우성이 아니다

목메지도 않았고

농아처럼 답답함도 없고

수줍어 할 이도 없다

덩굴에서

개에서

별에까지

덩굴개별꽃이어

그새

덩굴미치광이

둥근잎미치광이*라니   (*덩굴개별꽃의 이명)

霧山

돌단풍

나는
바위에서
사람의 표정이나 짐승의
모습을
읽는 것에
불만스럽다
차라리 제 멋대로
읽혀지길
저 돌단풍이 안겨 있는 곰의
품이나
호랑이 입안 가득한
꽃들의
천연덕스러움
아 그렇게 읽지 마시라
비 먹은 구름이 강이 되어
하늘에
흐른다

오 이렇게도 말하지 마오
아무 생각 없이
저 아래에 흐를 그 엉뚱한
물먹은 개울
그 소리도
저 꽃을 막지 마시라

霧山

광릉요강꽃

잎들이
벼루어 벼뤄
꽃은
다물고
꽃받침의 저 요란
허니
꽃잎이 요강에서
후둑인담
어인 꽃
날으오 날으오
허니허니

霧山

수선화

풀기 빳빳한
하얀 고깔
코르넷을 쓴
새내기 수녀들의 견진
어려우시면
성가대의
합창 쯤
한 마리 벌의 나래가
하모니에 맞추느라
떨고 있네요
바오로수녀원의 뜰에서
였던가
제 기억은
저 수선화 무리 때문에
지금 혼란 중입니다

霧山

할미꽃

1

할미꽃에도
어린 날이 있었네
나 같으면 제비꽃과이겠다
딱 그리 만치
입을 열고
더 열면
목쉬어
에미가 듣지 못하지
바람만 삼켜 오는
저들 이유식이어
나중에는 그 이유에서
바람의 열매가
날릴 것을

霧山

2
내 나이 실버
저리
아름다울 수야
저리
몽환일 수야
고개 쳐들어라
나의 꽃이어
내 실버가
아름다울 수
환몽일 수
그 바람
나의 할미여

霧山

헐떡이풀

"옛날 울릉도 사람들은 천식을 헐떡이병이라고 했는데, 이 풀이 천식에 좋다고 '헐떡이약풀'이라고 부르다가 '헐떡이풀'이 되었다는군요." 霧山

헐떡거려도
허스키의 음악이다
숱하게 갈라지는
음의 즐비 櫛比
목구멍에서가 아니라
내 귓속을
간질이고
네 이름만으로도
울렁거린다네
울릉도
헐떡이풀
꽃아

霧山

풍도바람꽃

1
허전히
허전히
벼룻물에
젖고
꽃술
메기노

회리

2
꽃이
어째
얽었노
쥐 입
오물거리다
저 속삭임
바람 맞았네

회리

3
바다가
부끄러운
꽃
풍도
바람 멎은
날

회리

4
수실
한 가닥을 들었다가
찬찬히 내려 앉혀
보시라
저 하얀 꽃잎에
연둔*가   (*軟豆)
꽃술
지가
수놓네

회리

꿩의바람꽃

꿩이라 했던가
바람이라 했던가
그리고
꽃이라 했던가
꿩의바람꽃의
말 없음이어
그 바람이
지금
그 꿩이
지금
꽃들이 지금
한껏
나도
말없어야겠다

회리

들바람꽃

어린 바람이
놀고 간 자리
니네
둘이
피었다

회리

모데미풀

모도아 모두아
꽃이 피었다
하늘에선
간밤의 별들이
비누방울처럼 내리고
엷은 꽃잎에 묻어오는
비릿한 꿈들
그 연두빛
모도아 모두아
네가
피었다

회리

앵초

아가야
네 울음이
앵으로 남는다
길게 꼬리를 달았던가
그 목소리가
뒷산골을 따라가고
어느 순간은
한 숨에 그쳤다
저 꽃
앵초는 어떻게 피는가
동구 밖 장승의
귓동냥
앵앵
오늘은 네 울음이
꽃의 평상이 된다

회리

얼레지

사랑하는 여인의
비수는
흰얼레지
하이얀
속치마만
찢고 말 테니

회리

금난초

"제 고향 안면도는 철에 따라 야생화를 골고루 관찰할 수 있는 복 받은 곳이랍니다. 금난초 또한 안면도 산이며 5월에 피는 꽃으로서 그 자태가 자못 아름답습니다." 회리

안면도 선창에는
깊이 잠들 사람
깊은 잠을 깨워 줄 이
손짓의
돛대가 펄럭이었을 텐데
금난초는 꽃잎이
활짝 벌어지지 않는다니
돛대에 내리는
느린 바람이어
저 꽃의 꿈이
깨워지지 않는다니

회리

깽깽이풀

"회리님께서 따로 부쳐주신 깽깽이풀 사진을 잘 받았습니다. 사진을 받자마자 저는 어쩐지 프랑스 후기 인상파의 한 특징적 화풍이었던 큐비즘을 떠올리지 않을 수 없었습니다. 무엇보다도 세잔느의 정물화들을 연상했다는 뜻입니다." 友溪

꽃의 수정 水晶
파라핀 종이
접기
이파리도 덤불도
딱 순간
멎고
저 로봇의 절도 節度
이제 풀어라
깽깽이풀
꽃잎

회리

금강애기나리

골 깊은 잎의
치마 주름 타다가
저리
작아 버린
벼룻줄에 핀
꽃
금강애기나리
냠냠의 무늬
꽃잎 여섯
세상 핥네
네 코로
꽃 코로

회리

삼지구엽초

"네, 잊혀지겠지요. 그게 바로 우리의 운명이니 어쩔 수 없지요. 우리에게 소중하고 의미 있는 아주 중요하게 여겨지는 것도 세월이 지나면 잊혀지거나 하찮은 것이 되어버립니다.(…) 그런데 재미있는 건 무엇이 정말로 고상하고 중요하며 무엇이 초라하고 우스운 것이 되는지 우리는 지금 전혀 알 수 없다는 것입니다." 안톤 체홉의 '세 자매'에서

삼학三鶴 세 가지 길에서 군무群舞

저 푸른 잎들의 원산遠山

가지 않은 두 길은

너 나의 양학兩鶴

사람의 셈과는 다른

아무렇지 않음의

뭐라고 했지

삼지三枝 네 구엽九葉이네

하얀 꽃들의

저 양樣의

춤

회리

새우난초

"꽃게와 대하 大蝦 에 안면도의 자연산 생굴까지 곁들인 식탁에서
백포도주를 두 병이나 땄으니 아주 푸짐한 만찬이었다고 할 수 있겠지요.
식후에는 출판사 L사장의 바이올린 독주에 회리님의 색소폰 독주가
뒤따랐고 나중에는 두 분이 듀엣으로 흥겨운 곡을 연주함으로써
모임의 대미를 장식했습니다." 友溪

이 모임 며칠 뒤에
자기 고향 섬의 꽃 새우난초 영상을 회리가 보내왔다
그날 모임에 내가 빠져 되려 미안했던 게지 ―
라고 웃었는데
왜 나에겐 소하 小蝦 ― 작은 새우인가 했다
그건 저 꽃들이 무리지어 작기 때문일 테지
저들은
'여름새우난'처럼
대뜸 새우 모양으로 다가왔다
왜 산에서 피었지
새우잡이 배에 사공이
많았겠지

회리

주름제비란

울릉도 꽃이라서
찾아온 바닷길에서처럼
울렁일 줄 알았다
물 길어 가는
저
일곱 송이
섬처녀들아
조금은 펄럭거려 보시지
제비라면서
주름치마
꽃이라면서

회리

꿩의바람꽃

꽃책 갈피에는

노루귀와

홀아비바람과

꿩의바람이

함께 해 있다

오늘

세정사 골에 갔더니

꿩의바람꽃만

둘이

서로 말이 없고

석벽에 드리운 제 그림자 하고

꽃은 꽃에

그림자는 그림자에

무심 無心 하고 있었다

나는

저게 힘들다

悠然

변산바람꽃

꽃대가 기웃하면서
꽃잎
나비처럼 펴다
그 갸웃해 가는
중력 때문인가
변산바람꽃에
바람
한 점 없으이
꽃술은 입술마냥
파아래지는데

悠然

나도개감채

나도개감채가 백합과^科 랍니다
Lloydia triflora
그녀의 학명입니다
하지만 나에겐
*Lloydia serotina*입니다
운길산 세정사
계곡에서 만났습니다
줄기가
곧곧한 양도
어설피 휘어지는 양도
저리 연약할 수가
사랑을
배워나갈 나입니다
나도개감채라고
오 세로티나
양소설^{洋小說} 어디서
만났던 내 어린 날
소녀여

悠然

처녀치마

비늘이 퍼덕이오
산비늘이
날려요
마실가는
처네야
구구
저 빛방울
산비둘긴가

悠然

으름

토닥이다
저미다
촛농의 꽃술
담자색
꽃
무덤듬한
품
나 혼자 앓다

悠然

만주바람꽃

요새 왜 이리 바람이 없는지 모르겠다
들바람꽃에도
허허의 광야 만주바람 – 꽃에도 없으이
남부여대 가난한 행렬의 두만강 건너는
만주바람이
한만 국경에서 얼마나 셌는데
바람이 바람이었나
바람
멎고
꽃들
요새

茅山

조팝나무

조팝나무
숲길에서
헤매었다 – 고
아직 이른 개미들이
내 먼 귀에서
수군거린다
그리다간
저 자잘하니
꽃들 사잇길에서
무어라고
뭐라고
술렁이네
가지 않은 길
하나라도
남겨야지
보이지 않아도
조팝나무 꽃숲에서
보이질 않아도

茅山

철쭉

"이번 강릉행의 마지막 사진 철쭉입니다. 철쭉은 보기만 하면 가슴이 뛰는데, 유난히 그 아련한 어린 시절로 이끌어 주는 따뜻함이 있는데, 그래서 볼 때마다 찍는데, 도무지 사진이 잘 안 되는 놈. 이번에도 이리저리 돌리고 돌렸는데 여전히 숙제" 茅山

꽃이
고독할 때도
있습니다
말이 없을
때도 있습니다
제 각각일 때도
있습니다
나하고는 관계없이
저쯤입니다
꽃세계
순간의 진공입니다
오 나와의
저 격절감 隔絶感
숨막히고 있습니다

茅山

노린재나무

저 빙옥氷玉이
더 얼었어야
네가 자지러졌을 거냐
토닥토닥 두들기는
엄마 손에
노린재나무 무늬의
홑이불
저 너머
꽃동네
이 오월 자지러졌을 거야
저 빙옥
더 얼었어야

白初

홀아비꽃대

꽃잎은 없고 수술만이란가
잇몸은 없고 이빨만 있다냐
오 어릴 적
예쁘디예쁘던 덧니
그 항렬
까치야 물고 가지 마
오늘은
홀아비꽃대
꽃이란다

白初

옥녀꽃대

1
옥녀꽃대가 한껏 피어 놓고는 뒷걸음쳐서
이파리 목으로 옴추려 드는
그래서
홀아비꽃대에 비해
여성성인가

2
아니
실실해지는
저 여성의 폐경을 보라
막내의 연실로 가을 기웃해지는가
어머니의 길쌈에 한숨 짓는가
실방울에서 바늘을 뽑아
'전설바다에 춤추는'* 귀밑머린가   *정지용의 시 '향수'에서
넘네
한 시대를 넘네
그대 누이야

友溪

자란

산촌에

살다

한벽 閑僻 했다

송뢰 松籟 는

가늘디 들렸고

달빛에 젖은

날은

햇볕에도

시들했으나

시름시름

자색으로

물들었다

꾀꼬리들이

자락에서

울었다

友溪

2

여름

갯메꽃

1
사랑하던 이
바다는
달아나버리고
어디 가서
재재 발렸나
그
물결 소리
사장에 갯메꽃
대낮 뜨거워라
여보소
근방초 近傍草
당신은 상모象毛나
돌리시구려

雲竹

2
갯메꽃이
바다의 교향交響을
아무리
그립는다 해도
제 숨소리만
바닷가에서
듣고 있네
바다는 시나브로
멀어져 가고
갯메꽃 그리움
이 한여름
듣고 있네

雲竹

구실바위취

저 꽃을 보기 전에는
불꽃의 밤하늘을
말하지
마오
저 꽃을 보기 전에는
엄마의 시절
열아홉을
말하지
마오

雲竹

금꿩의다리

1
수채화
수놓으려면
꽃실을
한 숨에
한숨에서
풀어야지
눈물 안 젖어
눈물 안 젖어
열여섯의
누이야 누이야

雲竹

2
금침을 보아
베갯모의 수를 보아
넋만 보아
혼야의
꿈들을 안다
구름이 멀어져 가는
여름 끝
하늘에 핀
금꿩의다리를 보아
문턱을 넘어오는
가을을 안다
사랑이 베개를 적시고
하늘은
꽃들에 젖는다

雲竹

당양지꽃

빗어라
빗어라
동강아
저 절벽에서
허전거릴 때
허위적 — 을
빗어라
당양지꽃
나 몰라라
웃고 있을 동안

雲竹

동자꽃

어느 시인은
바퀴를 보면
굴리고 싶다 했다
때로 나는
꽃 이파리를 보면
돌리고 싶었다
동자꽃에서는
그런 충동이 없다
억지로 돌리면
왜 못 돌리겠는가
동남아 어디서였던가
애숭이가 가사를 걸치기 전
삭발할 때
글썽이던 눈물
저 동자꽃을
난들
어찌 돌리랴

雲竹

물봉선

물결
이랑이랑
시를 쓰더니
오늘은
하늘
하늘
시를 쓴다
구름 이랑
꽃 이랑
석개재 돌이랑
시를 쓴다
여름 가는 듯
홍자색
하늘거리나니

雲竹

솔나리

1
솔나리의
미동微動
꽃술이 무거워질랴
꽃잎들은 하늘로
젖힐랴
꽃대엔
잠자리 나래가
퍼덕여 올랴
수해와 운해에
일렁이는
우리의
멀미일라

雲竹

2
사랑을
설명할 수 없걸랑
하늘에 떠도는
잠자리와
솔나리를
보셔요
세상은 멎었고
구름과 나뭇잎새
꽃나무의 이파리도
이제는
너와 나의
긴 듯
짧은
숨막힘뿐

雲竹

잠자리난초

잠자리가
제일 높은 망울에 앉자
아래 동네부터
꽃들이 피어오르네
간지럽기도 하고
짜릿하기도 하고
또한 서슴거리네
꽃들
요정
대낮 몸짓
저 부유
그러지 마
간밤엔 클라리넷
내내
네 손가락이
저 꽃들
휘저어 놓고

雲竹

털딱지꽃

드러눕는다

뻗는다

노랗게 물든다

뭍에 기어 온

한 마리

긴 거품

숱한 꽃

열사(熱沙)의

산욕(産褥)

하얗게

뜨겁다

雲竹

털중나리

누가
물었나
저
꽈리를
오
입안에서
피고 있네
산이 물었다
강이
물었다

雲竹

참작약

면사포인 줄 알았더니

가슴

꽃이다

저 백자 白磁 의

바다에서

노오란 수술의

수초

참작약

뉘 가슴에

술렁거리오

雲竹

개망초

눈이 내리는 거
아니겠지
개망초에
비가 내린다
다 잊어버린 거
아니겠지
몇은 몽롱해지고
몇은 말갛게 씻어
잊힐리야
가을이 목매여
비 내리는 거
아니겠지
간밤 지샌 별빛이
잊을랴 잊힐리야
개망초에
내리는 게지

·霧山

구실바위취

"며칠 전에 모처럼 머리도 식힐 겸 화악산에 가서 구실바위취를 보고 왔습니다. 그늘지고 습기가 많은 바위 계곡에 사는 녀석들이지요. 꽃술이 자잘한 성냥 알갱이를 닮은 귀여운 녀석들입니다." 霧山

구슬과
구슬이
부딪치면
저런
꽃이
튀지 않을까
성냥 알갱이 같은
꽃술에서
새들은
날아가 버렸다
발자취만
꽃잎에
남겨 놓고

霧山

노랑어리연꽃

1
고뿔 앓고 있는 나에게
어리연이 떴다
저 수면에
코를 갖다 대자
어릴 적의 하모니카를
불 것 같다
그때 못 내던
콧소리의 저음
노란 노오란 노랑의
소절 小節 끝마다
저 수초들의
스타카토
내 노년이
멈칫
멈칫거리나니

霧山

2

저건

소야곡이냐

녹턴이냐

내 손가락이

저 노란 꽃의

하나에서

튀어야 할 텐데

잔잔한 물살

어리연꽃들의 꿈

잦아지는데

저들 꽃송이

딱 하나에 가서

이 순간 튀어야 할 텐데

霧山

달맞이꽃

"며칠 전 보름날 밤에 달맞이꽃을 한 장 찍었습니다.
이 평범한 한 장의 사진을 찍으려고 몇 년 동안 온 나라를 뒤지다시피
했습니다. 왜냐하면 달과 달맞이꽃을 저렇게 찍으려면 개활한 지형이라야
하는데… 요즘 평지에서 가로등이나 자동차 불빛이 보이지 않는 곳을
찾기가 어렵거든요. 심산유곡에서는 달이 높이 올라가야 보이니 사진에
넣을 수가 없고요." 霧山

달을
당기면
꽃이 몽롱해지겠지
멀어지라
멀어지라
하면
꽃은 저 블랙홀
밤하늘에
쓸려가려나
만월인데

저
꽃들
사랑인가
하여하여

霧山

대청부채

1
바다가 배수진
그런 성채가 있는가
모함 母艦 의
마스트
대청의 꽃이
늠름하다
꽃과 바다
내 생각은 잠수하고
해저 터널 위는
조용하다

霧山

2
꽃잎
나빌레
나비일레
버선 볼
바람일레
바람일레라

霧山

둥근잎꿩의비름

"가을이 깊으면 황량한 절벽에 꽃의 사체가 메마른 미라처럼 붙어 있다. 그 붉었던 유혹은 어디에 있었던 것일까. 그 치명적인 향기는 어디로 사라졌을까." 霧山

나는 이리 탄嘆 안 해도 된다
'그 붉었던 유혹'은 이 한겨울에도 저기
그대로 살아 있고
'치명적'이라니
나는 겁내지 않아도 된다
저 절벽은 나무 등걸처럼 보이고
그보다는
나는 방안에서 편안히 꽃들을 보고
있기 때문이다
더욱이나 내 후각은 '향기'에서 멀다
나는 행복해야 하는가
산길에 지나가는 길손에게
꽃들은
적당히 저만치 피고

탐화객探花客들의 극성에는
바람마저 달아나 꽃들은
표정을 잃는다
그리하여 나는 가장 불쌍하게
정지화면에서 강아지의 후각처럼
쿵쿵거린다
'그 치명적인 향기는 어디로 갔을까'
나는 탓 안 해도 된다

霧山

문주란

바글바글이
와글와글로 피었다
저 꽃들은
제주도에서
ㅂ과 ㅇ의 중간쯤에서
피었다
문주란에 부는
바람이 어떤 바람이기에
우리도
젊은 날엔
저럴 때가 있었다
지금은
사실사실하다
저 꽃술처럼
내 마음 아직 꽃이게
꽃이제

霧山

범부채

1
내가 소리 지르랴
했더니
산줄기 지레 와
머리 풀었다
머리채 파도 되어
출렁일러냐
범부채
바닷가에 와서
꽃이 피었다

2
꽃이
뿌리를 땅에 박고
손 내밀어
바다 위
주황으로 등을 달았다
저기 아미蛾眉처럼
섬이 걸렸다

행운行雲이 날숨을 잃자
주황색 등화는
저 외로운 것들에
꽃길을 열었다
그러나
불빛은 꽃에 머물고
바다는
고요에 갇혔다

霧山

해란초

1
꽃술의 주홍빛 해맞이
저 노랑에 눈부셔
그만
나의 신부여
호젓한 산길에서야
누구엔들
오 그만
나의 신부여

霧山

2
노랑도 아우성이라
바다가
안개에 숨자
여린 꽃들이
입술 모두아
곤지곤지
아우성이라

霧山

꿩의다리

별빛이
쏟아진다
저 별궁 別宮 에서
꽃가지에 피워 놓는다
세정사 世淨寺
별동 別洞 엔
꿩의다리만
내어 놓는다

회리

매화노루발

매화노루발 꽃은
구름 속에 떠도
운무가 갈피 잃어도
맨날
맨숭맨숭한 얼굴이다
잎이 치마되어
퍼덕여도
껌벅이지 않는
노루 눈
매화 밭에 가서도
매한가지이다
껌벅이어라
누뤼알*　　(*유리알 (정지용의 '거울'에서))
구을 듯이라도

회리

뻐꾹나리

이제 막
열기로 녹인
유리 세공細工을
한 손으로 쳐받들어
보인다
그때
뻐꾹시계가
울었다
장인匠人이 때맞췄는지
뻐꾹
그 기이한 소리에
저리 춤추지 않고는
꽃이
어떻게 피었겠는가
호호
처음 본
뻐꾹나리여

회리

해당화

넋의 흔적이
모래사장에
핀다
서해 해변이
잔잔해지고
잦아지는
모래성에
외로움으로
핀다
홀로 남은
나에게
그리움으로
핀다

회리

해오라비난초

유배지로 향하면서 말했다
습지濕紙의 하얀 종이가
날리다가
풀숲에 걸렸다고
나는 그 수인囚人의
하얀 눈썹이
아스라이
날아가고 있다고
<u>ㅎㅎ</u>
해오라비 떼가 날고
있다고

회리

큰까치수염

저 꽃들의
행렬을 보고 있으면
하모니카를 분다
꽃차례의
정상에 이르면
나는 불지 못한다
저 음계는
까치 몫이다
하나를 잃고
하나만 울던
눈 오던 겨울날의
그 높던 금속의
쉰 소리
은하에 별처럼
이 유월
꽃이 핀다

白初

초롱꽃

저건

영판

통곡

흐트러짐 없는

슬픔

초롱에

불빛

눈물

지새네

茅山

백련

1
백련
한 송이
다 피어 가다가
갸웃
내 멈칫거림의
행좌 行座

友溪

2
아무것도
생각지 말라
꽃은
꽃이다
노승의
화두에
내 감히
마른 입술
침 바르다

友溪

으름난초

저
꽃가지를
밟을수록
올라갈수록
꽃이
피는 것을
나는
자꾸 미끄러지고
그쯤에서
고개 돌리는
꽃의 외면
그래
으름난초라 했겠다

友溪

3

가을

물매화

1
원
원
세상에
반딧불 떼라니
물매화 왕관
이 야밤에
가벼야이 가벼야이
대관의
반딧불
꽃이라니

雲竹

2

어인 한 폭의 그림인가

천경자 화풍의 색채의 환상을 만난다

'물가에 자리잡은' 꽃들

'그 물가에 구름 가득한 하늘도 내려앉았다'고

큐레이터 씨의 속삭임

하얀 꽃들이 물매화란다

어째 기세 등등이지

저 빼쪽한 바위 한 마리 석어 石魚

그 비늘 같은 이끼들도

붓으로 툭툭 찍어낸 타시즘의 기법

꽃들의 기세에 가세하고 있어라

쏘아라 쏴라

구름 가득한 물속으로

오 오버

물매화 앞에서라니요

나의 오버-입니다

雲竹

구절초

울부짖을 듯도

구절초야

어쩌란

어쩌란

꽃잎 돌려

저 물결에 서럽게

물레 자을 듯도

꽃아 꽃아

어쩌란

파도는

강심에서

울부짖는데

雲竹

해국

1
저 출렁이지 않는
꽃
내가 해국에 대해서
이렇게 생각하자
바위는 바다를 향한 진취를
꺾고
거기 부딪혀 오는 파도도
슬그머니 물러서고
구름도 떠가기를 멈췄다
이 노도怒濤의 지대가 얌전해지기
시작했다
—하늘에 대해선 묻지 않았구나

雲竹

2
하늘에 대해서 묻지 않았던
나에게로
꽃이
고개를 들었다
나에게가 아니라
태양에 정색이다
어느새 구름들이 움직여 버렸고
파도는
다시 쳐오기 시작했다
바위는
저 응시의 한 송이 해국을 위하여
엎드리고 엎드렸다
꽃의 포기株는
점점 커 오고
나는 하늘에 대해서
또 묻지 않았다

雲竹

3
하늘은
바다에 잠수하고 있다
그 위에 구름이 덮고
예닐곱 송이
해국의 기고가 만장이듯
바위마저 팽이 돌리듯
저러다가
오 저러다가
누구 말마따나
'해원 海原 을 향'하려냐
꽃아
바닷가 국화
그 송이 꽃으로
나는 퍼뜩 돌아온다

雲竹

개쑥부쟁이

누가 꽂았을까

한 송이 꽃

흘러내리는

저 즐비櫛比

개쑥부쟁이 절주節奏

죽비를 쳐요

저 녀女보다

치렁치렁

저

머리채보다

雲竹

노랑도깨비바늘

꽃에도 다문화가 있는 모양이제
접시꽃도 채송화도 서양 뜰에 있었으니
우리 울안에만
내 생각은 잘못이제
도깨비가 호주산이라꼬
바늘을 앞세우고 왔던가
도시 계집애는 그 상냥으로
우릴 좋아하는 것 같았지
쉽게 다가가단
촌놈은 찔끔했지
그게 바늘인가
저 무심한 얼굴
심이 없다니
마음 찔릴라

霧山

단양쑥부쟁이

나는 아직
아니 영
저 빛에
소곤대지 못한다
네가 입었던
치마야
치마야
그 빛깔
나는 어쩌나
한 마리 여치
거기
가을
하늘거리나니

霧山

미국가막사리

"가을 한낮에 가막사리를 보면 불살라지거나 그을린 듯 가무잡잡해서 몰골이 남루하기 짝이 없지만, 아침이나 늦은 오후에 해를 등진 가막사리를 보면 갖가지 색이 잘 어우러진 화려한 단풍이 된다." 霧山

꽃을 찍고 있는 분에겐
슬픔이 안 보인다
햇살을 머리 위에서나
햇살을 앞가슴에서나
햇살을 등 뒤에서나
다 꽃이듯이
불살라져 남루하거나
여러 색으로 화려하거나
다 꽃이듯이
하여
가막사리라는 이름에
이르듯이
렌즈를 활짝 열면
저 노오란 가을 들판에서

압도되듯이
머리 위나 앞가슴이나 등 뒤나
슬픔은 언제나 꽃에게서
멀다

霧山

산국

기와채에서 기와채로
훌쩍 뛰어넘으려 듯
나에겐
월담이다
내 가슴 훔치고 난 후
단청의
꽃
와당 瓦當 에 빗물 젖는
그 정분으로
나를 울려 놓고

霧山

정선바위솔

기와지붕 위의

고양이쯤

저 오밀奧密한 입술의

냐옹냐옹

꽃들의

자잘한 후렴

그 노래

꽃탑을

쌓아 간다느니

霧山

화악산 금강초롱꽃

"그 짙디 짙은 남색 꽃을 한참이나 보다 보면 눈이 부시고 가슴이 벅차오르는 것은 늘 변함이 없으니" 회리

1
저 빛깔에
콤플렉스가
나는
입술에서 시작했는지
아무래도
금강초롱꽃 앞에서는
좀 망상 妄想 이다
나는 나는
더듬거리다가
이제는 다물어야지
저 진보라
꽃 입술에서는

회리

2
꽃에도
무슨 내세가 있는 모양이다
꽃잎이
혼불처럼
날아가 버린 자리
저
하얗니
하얗니
이 세상
바래가네

회리

용문산 금강초롱꽃

"집에서 바라보이던 용문산 레이더기지 밑 가섭봉이란 곳에 다녀왔습니다. 금강초롱이 한창이었어요. 이 사진에 담긴 꽃은 잘생긴 것은 아니었는데도 왠지 '질마재 신화'가 떠올라서 카메라에 담았어요." 悠然

저 두 금강초롱을 보면서
미당의 '질마재 신화'가 떠오른다고

위의
초롱이 짤려
치마 벗길라
그래서
"소자 이 생원네 마누라님의 오줌 기운"인가
아래의
초롱엔 불도 밝히지 못하고
그래서
"그 애가 물동이의 물을 한 방울도
안 엎지르고 걸어왔을 때"
인가

저 두 꽃 땜에
나에겐 벌써 가마득한
'질마재' 고개를
금강초롱 앞세우고
넘어보아야겠네

悠然

분취

어디에
분가루가 있다고
누이의 분통을 불었더니
얼굴에 끼쳐오던
그 냄새
지금도 누나를
그리워하면 분냄새를
맡는다
저 꽃
분취
사나운 듯한
분취 噴吹
내가 서울 가서
친가에서 멀어질 때
누나에게도
분취가 있던가
나에게
분가루를 끼얹었으니
저 꽃처럼

悠然

산국

1
바다의
파도가 피우는
꽃들의 게걸음
어푸어푸
하늘 멀다

悠然

2
꽃이
성벽 넘으려는데
하늘 가을빛에
빠진다
잉크 빛
젖다

悠然

담쟁이덩굴

바장이는
발걸음이냐
자욱마다
피멍피멍
단풍들었다
— 피멍들었음이
저리 고왔음인가 —
이제
가올
길
사랑처럼
담 넘어야제

悠然

산외

덩굴손을
보아라
두 끝이
네 개로
갈라져
떨고 있는 손가락
호롱에
호로로
불 댕겨 놓고
그 빛
산외 잎
사위노니

茅山

여뀌

1
유약 柔弱 하게
부르는
소리 있어
들판에 나섰더니
혀 꼬부라지며
여뀌
제 꽃빛 풀었다
가을이라니

茅山

2
흰 나비
한 마리
연분홍에
홀리더이다
나비
작아지고
치렁치렁 꽃대
하늘은
노오래지더이다

茅山

놋젓가락나물

1
놋젓가락으로
놋대야를
두들기면
꽃대가 휘쳐져
동방 삼리 洞房 三里
그 장단
꽃물
청자색 피네

2
도라지 꽃빛 손톱
온달반달
갑사 저고리
섶 접는다
서늘한
가슴이야
가을 저미고

茅山

물매화

저런 여자 곁에 가면
물먹는다
나는
언제나
속물이니까
저 흰 오판화
연두빛 꽃술 그늘에
이슥히
나는 이울고
울어버려야지
울어버렸어야지

茅山

주홍서나물

고무신에 올챙이 출렁이며
허연 콧물 달고
삽짝에 들어서면
쇠죽 끓이던 할머니가
부지깽이 끝에
주홍빛 꽃불을 휘두르며
이 쎄빠질 놈들아
주홍서나물의 저 끝물을
보고 있으면
콧물 흘리는 아니
혀 빠진 우리 모습
아니
그 이글거리던 부지깽이 끝의
불꽃 같고
하얀 하얀
씨방은
오 우리 할매
가벼이 가벼이
어데 날아가셨노

茅山

용담

『대지』의
펄 벅도
떠오르고
『아큐阿Q』의
노신魯迅도
생각나고
왠지라
용담아
왠지라

友溪

자주쓴풀

반백 半白 이
가을 묻고
자주 쓴 시
서리가 지운다
꽃은
하얗게
바래
보라
내년에
보라

友溪

개쓴풀

1
종이 접다
꽃잎
하늘로
솟치다
내 별자리
개쓴풀
꽃아

友溪

2
개쓴풀
물ㅅ가
유배지인가
수면에는
아무 그림자 없어
네 생애는
지울 것이 없다

友溪

닻꽃

닻을
내려라
세월이여
닻을 내려라
저 닻꽃들의
아우성
귀또리마저
가을 오는 새벽엔
숨죽여라

友溪

배초향

1
배초향이 있고
그 환영이 있고
밤이 있고
아침이 있다

2
배초향에
대낮이 온다
오요요 강아지처럼
요요 물레질의 가락처럼
아니
누에처럼
뽕잎의 누에처럼
가을치네
고치처럼
가을치네

友溪

쑥부쟁이

이름만
들어도
가을 온다
꽃무디
쓰다듬고
가을 묻히네*　　(*묻히다=풀·가루 등을 들러붙게 하다)
마음 묻히네
쑥부쟁이
가을 온다

友溪

가시여뀌

1
석류알
씹다
시다
시다
내 눈을
틔우면서
꽃은
핀다

友溪

2
여위어
여위어
실바람
걸려
산탄散彈처럼
별 핀다
가시여뀌야

友溪

좀바위솔

1
수백의 좀바위솔 숲이다
가운데 누울 자리 하나
한 농부의 평토장^{平土葬} 무덤인지 몰라
진^{秦}의 시왕은
왜 땅밑 병마총에 갇혔을까
동네 야산 자락
한탄강 여울 빛
가을 햇살 소리
좀처럼 좀이나
좋을까
좀바위솔
곁

友溪

2
바위야 바위야
토족의 추장
전훈戰勳의 깃
하늘
땅
슬픔만큼
그 사이
좀바위솔아

友溪

4

백두산 및 풍경

백두산 천지

잉크 빛 천지 天池
내려앉은 흰 구름
풀리지 않는다
나의 시

雲竹

두메양귀비

"천궁天宮의 일부이던 청유리青琉璃 일장一張이 무슨
사품에 이리로 내려와서 제가 제 미美에 홀려 지내느라고
가만히 드러누워 있는 것 같다." 육당; 백두산 근참기

'우주의 가장 신비한 일부면, 초특미의 소반!'
천지天池였든가 삼지三池의 아름다움을
육당은 감탄했다
경석輕石 밭의
한가한 꽃들
천지의 운무에 씻겨 드러낸
양귀비의 살갗
어찌 그리 여윤가
차라리
무심無心
저 유혹의 색지色紙여

雲竹

큰바람꽃

1
큰바람꽃
풍향 잃다
하늘에서
구름
희살 짓는다

雲竹

2
바람아
불어라
바람 불어라
바람꽃
바람
잃었다

雲竹

호범꼬리

1
호범꼬리
천지 天池 물에서
꼬리치더니
털었더니
온 세상
청빛 톤
입술마저
파랗다

2
왜 이리
긴장이유
꽃아
천지야
그리고
산 山 아

雲竹

화살곰취

1
친구야
내가 이럴 때
고흐를
반 고흐를
보리밭에서
불러 와야지

2
역사와 자연은
따로 노는가
어느 쪽이
무심인가
남·북인가
화살곰췬가
무심히도
무심히도

노란 불길

저 언덕은

유정천리네

雲竹

바위구절초

"백두산 다녀왔습니다. 이 꽃은 구절초 종류 중에서 가장 고산, 암석지대에서 피는 '바위구절초'랍니다. 우리나라의 강원도 높은 산에 자생하는지 여부는 분명치 않고요. 백두산이나 개마고원에 흔한 듯합니다." 霧山

소학교 시절의
지리책에서
개마고원도 찾고
그림책에서
수채화의 잔잔한
아름다움도 찾고
아직도 아득히 들리는
할머니의 구절초 이야기
오늘은
백두 산정에서 듣는다
잘 들리는 왼쪽 귀로
잘 보이는 오른쪽 눈을
뜨고 뜨고
팔순에 보는

우주미 宇宙美

옛날 옛날

할머니의 구절초가

나를 끌며

바위틈에서 칼데라호 湖

저 천지 天池

기웃거린다

霧山

각시투구꽃

산길에서
나를
지울 수 있을까
그리고
저들만 피었다
물들었다
보란가
남빛 보란가
저들 복병에
투구마저 씌웠다
나는 무슨 빛이지
초록동색의 친구들아
내 패잔을 흔들어다오

회리

담자리꽃나무

백두산 산정의
넓은 초원에서
만난
저 꽃들의 일제히다
나를 거들떠보지 않는다
내가 무책임했다고
내가 무엇에 무책임했지
렌즈가 흔들렸다
나는 야속해서 저애들의 이름을
잊었다
저 잔잔한 꽃들에
무엇이 솟구치고 있었던가
무엇에 솟구쳤지
천지 天池 의 하늘아
분화 噴火 의 천지야

회리

두메양귀비

"사진 속의 두메양귀비는 해발 약 2000미터 정도의 구름 속에서 만났던 아이들입니다." 회리

저 안개가
농무濃霧 가
꽃에게는 일상이다
온 세상 신령에 잡혔는데
두메양귀비는
해발 2천에서 피고 지는
일상이다
이만치서
누이야
혼야昏夜 끝 저 해제解除 의
노랑이어
바람이 안고 간
네 스스럼
천지天池 에서 출렁이겠다

회리

바위구절초

"백두산의 바위구절초는 바람이 많이 부는 높은 산에서 자라서 그런지 키가 보통 구절초에 비하여 훨씬 작았지만 백두산의 정기를 받아서인지 꽃 색깔이 훨씬 선명하고 강해 보이더군요." 희리

내 눈께선
저 폭포의 낙하가
하얗다가
입술에 와서
꽃들이 연분홍으로
물들었다
천지 天池 에선 퍼렇다가
그 물가의 노랑과 파랑의 꽃들에
출렁이다가
하산 길
어찌
분홍일 수
연분홍일 수
바위구절초에
내가 설레다가

회리

털복주머니란

일경 一莖 에서

수직일로 垂直一路 에서

일순 一瞬 의 개화

그리고는

직하의

고개숙임

저건 겸양이 아니라

고뇌다

매단 이슬의 저 일적 溢滴

백두 산록

털복주머니란이

나 대신

눈물 떨구다

회리

하늘매발톱

위로 벋은 꽃불이

매 발톱 같다고

나에게는

구구대는 세 마리 백구白鷗의

구수鳩首 라

보라빛 꽃의

하늘매발톱

꽃술의 함초롬

이풍헌李風憲 어디 갔소

백두산 산록에 바람 불어도

ㅍ ㅎ 소리가

들리지 않으니

회리

마당 이야기

눈이 쌓이면
공세리
마당 가의 항독들은
연적이 되고 다완이 되고
죽통 竹筒 이 되고
참새가 떠난 자리에는
흩뿌린 묵흔 墨痕 만 남았어라

悠然

남불 지중해

"푸르고 잔잔한 앞바다는 물론이고 멀리의 아득한 수평선에까지 은빛으로 찬란한 저 지중해에 면한 도시들 튀니스며 알제리의 오랑이 있겠지요. 마르세유항에서 또 다른 출항을 꿈꾸어 봅니다." 悠然

왜
그리 지중해에
열광하는지 알겠다
왜 누구나 오딧세이 송인지
알겠다
달랑 포켓에 10달라밖에 댕그랑거려도
그 퀴퀴한 삼류호텔에서
비맞고 와 축축해도
저 눈부신
바다
차라리
목화 풀었네
내 가난이 누워도
따스이 따스이
태양 반 물결 반

날
감아가노니
나의 출항
지중해 오딧세이
― Bon voyage

悠然

노을의 안나푸르나 산봉

눈이 와서

바람이 휘몰아서

마지막으로

노을이 물들어서야

안나푸르나 저 돌출의 예각

잉잉에서

엉엉으로

조음調音 중이다

우주의 거대 음반에

골드문트 잇발이

자전할 차례

눈발이

구름발이

빗발이

흐르는 우주의 교향交響

나는 아직 아랫 발跋에서

공전空轉 중이다

悠然

서혜당을 위한 남정의 시 두 편
캐널가 숲길에서

"'기 빠진 낙엽' 쌓인 숲길, 그 둔덕 길은 사실은 사람이 잘 다니지 않는 길이에요. 나뭇가지와 가시덤불로 얽혀 있어 길을 만들면서 걸어야 해요. 오른쪽으로는 둔덕 밑으로 도랑물이 흐르는 습지가 끝도 없이 펼쳐져 아인슈타인이 있었던 고등연구소Institute for Advanced Study의 땅에 가 닿고 왼쪽으로는 둔덕 바로 밑으로 캐널가의 산책로가 있고 캐널 건너로 프린스턴 칸추리 클럽 골프장의 넓은 잔디가 펼쳐지지요. 그런데 이것은 산책에나 골프장에나 가뭄에 콩 나듯 사람이 드물게 오가는 곳이라는 것을 전제해야 해요. 이 둔덕의 숲길은 제 운동화 발자국이 남겨져 이 오솔길을 만드는 데에 공헌했을지도 몰라요. 석양녘에 집을 나서면 땅거미가 지기 전 이 둔덕길에서 노을을 보려고 안달을 하면서 안노인네가 걸음을 서두르니까요." 蕙堂

1
자연에
작의作意가 어디 있으랴
낙엽들은 기진했는데
저 겨울 풀의
생의 生意

새삼 그 이치에

옷깃 여미노니

그마저

무위 無爲

눈감으오

蕙堂

2

나목裸木의 숲이

희부옇다

누구의

노안 그 빛

말이 많아졌겠지

빨강

열매처럼

낯선 땅 캐널가에서

그녀의 수다

그 고독이

빨갛게

영글었다

薫堂

금파

내 금파 錦波 를

위하여

저 용광에

뛰어들지

그래도

금파이겠지

내내

금파

이겠지

나는 금빛 살갗의

공양이겠지

茅山

순포 – 해무

나는
바다안개보다
해무 海霧 부터
배웠다
무진 霧津 을 보기 전
소설부터 읽은 것처럼
아
오늘은
해무가
순포를 가렸다
갈숲처럼 부들대처럼
포구를 막고
누가 시를 썼다
안개에
연필로
시를 썼다
순포를 보기 전
시부터 읽은 것처럼

茅山

바닷풀

파도도 화석이 되는 모양이제
모래 결이 있고
바닷풀이 있고
그리고
생명의
실측 같은
긴 그늘
사장沙場의 햇볕이
설핏하다

茅山

내몽고 초원

지평의

선이 잇고

기마의 점점이

있고

초초의 파랑이

일고

한 마리 종마가

풀을 뜯고

오

우리 묵묵은

평원에

가라앉는다

茅山

선자령 그날

빗긴 햇살

구름의 비늘

따라오던

파도소리

사라지자

대관령 넘어와서

태양이 퍼덕인다

바다에서 묻어 온

비늘 냄새

코끝에 내민

원시 原始

선자령

먼 산에 와서

구름

머흘다

茅山

■ 편집 후기

남정의 두 번째 들꽃시집을 엮으며

　남정南汀 김창진金昌珍 교수는 평생 동안 시인으로 행세한 적이 없고 오히려 '시인'이라는 호칭에 늘 무안해하곤 한다. 하지만 나는 남정이 타고난 시인임을 확신한다. 일찍이 산문집 『나폴레옹 크라식에 빠지다』밝은세상에서 드러난 바 있는 그의 비범한 시적 감수성이라든가 두 해 전에 나온 첫 들꽃시집 『오늘은 자주조희풀 네가 날 물들게 한다』신구문화사에 수록된 시를 접해 본 사람이라면 내 말이 과장이 아님을 인정할 것이다.
　그 시집이 나오자 들꽃 탐사 공동체인 '인디카'의 내로라하는 사진가 몇 분이 새로이 나서서 서로 다투듯 시인에게 꽃 사진을 메기기 시작했고 시인은 거침없이 화답했다. 그렇게 모인 시가 어언 백여 편이나 된다. 그 밖에 남정은 가까운 친구들을 위해서도 시 쓰기를 계속해 왔다. 이래저래 모인 수백 편의 시 중에서 가려 뽑은 것으로 이 두 번째 시집을 엮는다.
　여기 수록된 시들의 성격을 이 자리에서 장황하게 논할 생각은 없다. 기왕에 첫 시집의 발문 「사람, 꽃 그리고 시」에서 백초白初 김명렬金明烈 교수는 남정 시의 성격을 깔끔하게 정리해서 거론한 바 있는데, 사실 나에게는 그 이상 보탤 말이 없다. 다만 한 가지 — 해가 거듭될수록 들꽃에 대한 남정의 애착이 더욱 깊어지고, 꽃에 대해 반응하는 그의 상상력이 더 자유롭고 발랄해지며, 언제나 즉흥적으로 시를 읊어 내는 그 영감의 샘 또한 마르는 날이 없다는 것이 그저 놀라울 뿐이다.

  여기 수록된 114편의 시들은 꽃의 개화 시기를 기준으로 〈봄〉〈여름〉〈가을〉 편으로 3분했고, 백두산 꽃시들은 따로 모아서 몇 편의 풍경시까지 보태어 시집의 마지막 부분에 실었다.

2015년 2월

友溪 李相沃

저 꽃들 사랑인가 하여하여

초판 1쇄 발행 2015년 2월 27일

글	김창진
사 진	김광섭, 김명렬, 백태순, 송민자
	이상옥, 이익섭, 이재능, 이종숙
펴낸이	김정일
펴낸곳	신구문화사
디자인	은디자인
색보정	오명현

등 록	1968. 6. 10. 제1-205호
주 소	경기도 성남시 중원구 광명로 395번길1
전 화	031-741-3055~6
팩 스	031-741-3054
이메일	shingupub@naver.com
홈페이지	www.shingubook.com

ⓒ김창진 2015, 지은이와의 협의에 따라 검인을 생략합니다.

ISBN 978-89-7668-210-9 03800

값 15,000원

이 책은 저작권법에 따라 보호받는 저작물이므로 무단전재와 무단복제를 금지하며,
이 책 내용의 전부 또는 일부를 이용하려면 반드시 저작권자와 신구문화사의 서면 동의를 받아야 합니다.